Anagaion

トニー・ウッズ 著

翻訳：鉄井 三千夫

Marton Publishing

アナガイオンとは

十字架に架けられる前夜、主イエスは弟子たちと共に過ぎ越しの食事をするために、用意されたある階上の部屋へと彼らを導きました。

しかし、主イエスは食事を共にするだけでなく、彼らに多くのものを用意されていました。

アナガイオン（ギリシア語で階上の部屋の意味）はその夜にその場所を訪れ、三つの質問を通して今日のクリスチャンにとって何が必要なのかに気づいていただくことを目的としたものです。

質問1．私たちはどこから来たか？

イエスはパンを取り、感謝をささげてから、裂いて弟子らに与えて言われた、「これは、あなたがたのために与える、わたしのからだです。わたしを覚えてこれを行いなさい」（ルカ 22:19）。

第一部ではキリストの教会の歴史を学びます。それはあなたがたの文化、あるいは民族の歴史ではなく、あなたがキリストを受け入れた時に一員となった、唯一の、永遠の、神の家族の歴史です。キリストの教会はエルサレムから始まって長い壮大な歴史があり、今もこの世界の隅々へと広がっています。第一部ではキリストとキリストの教会の足跡をたどり、迫害と拡大の日々を振り返り、プロテスタント改革として分離するまでの様々な経過を見ていきます。時間の許す限り、それぞれの教派について、その重要な違い、またそれらの違いがあなたにどのような意味を持つかを考えていきます。

質問2．私たちは今どこにいるのか？

杯を弟子たちに回しながら、イエスは「この杯は、あなたがたのために流されるわたしの血による新しい契約です」（ルカ 2:20）と言われました。

アナガイオンに参加されている皆さんと共に、第二部ではこの新しい契約とはどのようなものなのかを考えて行きたいと思います。クリスチャンは何を信じているのか。その信仰はどのように記録され、すべての人が理解できるように、どのように伝えられてきているのか。第二部では神の言葉、聖書がより身近なものになるようにし、神が聖書を私たちに与えてく

ださった目的にそって聖書を使えるようにします。

質問3．私たちはどこに向かっているのか？

第三部は第二部で学んだことをどのように実際の生活にどのように適用していくかを考えます。シモン・ペテロへの警告として、主イエスは信仰者の道を歩むことは容易ではないと言われています（ルカ 22:31）。

第三部ではバックパッカー（旅行道具一式を詰め込んだリュックサックを背負って旅行する人）の生き方に焦点を当てます。神に示された道を歩もうとしている巡礼者は日々の歩みの中で様々な困難に直面します。その旅路の中での成功と失敗を通して、私たちは自分の人生を見つめなおします。バックパッカーの旅路を終えるころには、私たちは信仰が試されるすべての試練に対してよりよく備えることができるようになります。

アナガイオンは、神によって一人一人が造られた目的にかなった者になりたいという思いをお互いに共有して、グループとして学んでいただけるように考えられています。そのため多くの学びは話し合いの中で行われます。従って学ぶ内容は私たち一人一人の個人的な背景や経験が反映されたものとなるとも言えます。結果として、アナガイオン・コースを学び終えたグループは参加される一人一人の人生によって縒り合されたそのグループにしかないユニークな性格を持つことになります。

あなたのグループは参加される一人一人の人生の中での勝利や敗北の経験を共有することによって一つになっていきます。もしそうなったら、それをまたそのことをも有効に使ってください。共に信仰を高め合いましょう。さらに深い交わりとお互いへの責任感を持つことによって、一人一人はキリストの御国のために働く、本当の神の家族の一員となることができます。

さあ旅に出ましょう。学び、話し合い、共有し、共に聴く準備をしてきてください。これは結論を出すための討論ではなく、心からの学びです。お互いを励まし合いましょう。祈り合いましょう。交わりと楽しい時を満喫してください。そうすることによって、あなたは祝福されます。さらに大切なのは、あなたが多くの人々の祝福となるということです。

第一部　私たちはどこから来たのか？

第一課	普遍的教会　70 年から 312 年	7 ページ
第二課	教会と迫害の歴史	10 ページ
第三課	聖書	12 ページ
第四課	司教の台頭	14 ページ
第五課	キリスト教の時代　590 年から 1517 年	16 ページ
第六課	教会の堕落　800 年から 1517 年	18 ページ
第七課	信仰の擁護者	20 ページ
第八課	不平が満ちる	22 ページ
第九課	線は引かれた	24 ページ
第十課	教会：光のコミュニティー	26 ページ

第二部　私たちは今どこに立っているのか？

第一課	私たちは今どこに立っているのか？	28 ページ
第二課	祈り	32 ページ
第三課	デボーション	34 ページ
第四課	礼拝	36 ページ
第五課	キリストの教会とは	38 ページ
第六課	キリストの教会の遺産	40 ページ
第七課	天の父なる神	42 ページ
第八課	神の召しとは	44 ページ
第九課	三つの質問	46 ページ
第十課	二つの質問	48 ページ

第三部　私たちはどこに向かってるのか？

	イントロダクション	51 ページ
第一課	「赦しと再出発」「待つ」「恐怖」	52 ページ
第二課	「知恵」「ランデブー」「自由」「必然的な結果」「欺く」	53 ページ
第三課	「戦い」「確信」「守り」	54 ページ
第四課	「天使」「謙虚さ」「偉大さ」	55 ページ
第五課	「家族」「力」「傷あと」	56 ページ
第六課	「宗教」「挑戦」「赦し」	57 ページ
第七課	「悪」「死」「苦しみ」	58 ページ
第八課	「コミットメント」「犠牲」「サプライズ」	59 ページ
第九課	「交わり」「救助」「再会」	60 ページ
第十課	ここからどこに向かうのか。	61 ページ
終わりに		62 ページ
付録 1	ルターの 95 条	66 ページ
付録 2	使徒信条	70 ページ
付録 3	もし教会がなかったら	70 ページ

第一部　私たちはどこから来たのか？

第一課　普遍的教会　70 年から 312 年

神のこの世での御業は、神の最も大切な創造物である私たちに対する神の目的と計画を指し示すあるパターンにそってなされています。創世記にあるエデンの園から旧約聖書を構成する 39 冊の本を通して、神の選び、拒み、召し、そしてすべてのものを御自身と和解させる計画を達成するために必要な人々を私たちに送ってくださる様子を見ることができます。

旧約聖書の最後の書、マラキ書では、主が再びこの地に戻って来られる「大いなる恐るべき日」が約束されています（マラキ 4:5）。それから後、預言者が語ることも、しるしが与えられることもない不気味な静けさの四百年、旧約新約間の時代が続きます。

そして奇跡のように一つの星がベツレヘムの馬小屋の上に現れ、イエスが誕生し、神の民のために新しい契約が結ばれ、新しい希望を伴った宣教の時代がもたらされます。四つの福音書（福音とは良き知らせという意味）では、イエスの誕生、死、そして復活の様子が記録され、最後に主の再臨の約束と主の教会への励ましが与えられています。

聖書の最後の書、ヨハネの黙示録はすべての終わりの時と来るべき天の国の様子が語られています。その時が来るまで、私たちは使徒言行録から始まった「教会の時代」の中にいます。アナガイオンの学びでは、この「教会の時代」のことを考えてみたいと思います。教会の歴史はあなたがたが生まれるずっと前に始まりました。もしあなたが今の時代の教会しか知らないならば、団体としての教会について正しくないイメージを持っているかもしれません。

第一課では「わたしたちはどこから来たのか」という質問に対して答えを提供しようと考えています。主の足跡をたどって、主が建てられた教会の基礎までさかのぼり、すなわち歴史の中で主がどこにおられたのかを見て、どこに行こうとされていたのかのヒントを得たいと思います。詳しく書き留められた主の足跡をたどっていく事によって今の教会とは何であるのか、また私たち、現在の神の民が、神の素晴らしい創造の業の中にしっくりと収まるにはどうしたらいいかを学びたいと思います。

最初の主の足跡は、カトリックの時代；紀元 70 年から 312 年までです。

第一課 第二課 第三課 第四課 第五課 第六課 第七課 第八課 第九課 第十課

カトリックという言葉を聞くとどのようなイメージがあなたの頭の中に浮かびますか。ローマ教皇、アイコン（聖像）、大聖堂ですか。それらは大文字の C で始まる Catholic で、ここでは本来の意味である小文字で始まる catholic「普遍的」という意味の教会を見ていきます。この時代にはカトリックもなければ、プロテスタントもない、ましてやバプテストや聖公会、長老教会、セブンスデイアドベンティストなどはありません。誰もが「主の教会」の一員であった時代です。

紀元 70 年からスタートするのはなぜでしょうか。この年、エルサレムはローマ軍によって破壊されました。城壁は崩壊し、神殿は完全に破壊され、ユダヤ人たちは離散しました。その時ユダヤの国は消滅したのです。その状態は、その後イギリスがパレスチナと呼ばれていた所の委任統治を終了し、イスラエルが独立した 1948 年まで続きました。

紀元 70 年の当時、ユダヤ教の一派と考えられていたキリスト教会にも変化がもたらされることになりました。この頃多くのクリスチャンたちは自分たちはユダヤ教からの改宗者であると思っていましたので、新しくクリスチャンになり、福音を受け入れるためには、まずユダヤ教に改宗する必要があると考えていました。紀元 50 年のエルサレム会議でそれは変えられました。モーセの律法を受け入れなくても、誰でもクリスチャンになることができるとされました（使徒の働き 15 章）。その変化の流れの中でエルサレム陥落が起こったのです。

またなぜ紀元 312 年なのでしょうか。その年、当時の誰もが全く考えにも及ばない、ましては予測などしなかったことが起きたのです。ローマ皇帝が建前上クリスチャンになったのです。そして王命によってすべての人がクリスチャンになりました。コンスタンチン皇帝がミラノ勅令を発令し、クリスチャンへの迫害が止められました。とてもいいことのように思えるでしょうが、本当にそうだったのでしょうか。私たちが見る限り、このことは教会にとって最悪のことでした。そのことについては後の部分で詳しく学びます。

紀元 70 年のエルサレム陥落によってユダヤ人たちは、ユダヤ教徒とキリスト教徒のどちらも、離散することになり、キリスト教徒は主に西に向かって教会が急速に広まっていきました。教会の急速な拡大には四つの理由があると考えます。

1．メッセージが革新的であったこと
　　クリスチャンのメッセージは当時のプラトン哲学とは全く違っていたこと。それは考え方の違いだけではなく、キリストの誕生、死、そして復活という出来事を通して伝えられま

した。それまで人間が創造主を知ることができるなど考えもしなかったし、ましてや罪は赦されるなどということは全く考えられませんでした。

2. 福音が人々の人生を変えたこと

ローマ皇帝ジュリアンの言葉が初期のクリスチャンたちのことをよく言い表している。彼は「無神論者たち（これはクリスチャンの別名でローマの神々を否定したことによって名付けられた）は見知らぬ者たちへの親切な行為によって信仰を拡大してきている。神々を知らないガリラヤ人たちが自分たちの中の貧困者だけでなく、ローマ人の貧困者の面倒を見ているというのは恥ずかしいことである。彼らはお互いよく知らないうちからお互いを愛し合うのである」と書いている。

3. 誰もが信仰を持つことができたこと

あなたが文字を読むことができなくても信仰を持つことはできます。別の古代の批評家セルカスは「彼ら（クリスチャン）の目的は、どうでもいい、卑しい人々、例えば愚か者、奴隷、そして貧しい女性たちと子どもたちだけを納得させることなのだ」と書いています。革新的なメッセージは、マグダラのマリアのような女性を最後まで逃げずに十字架のそばにおらせ、最初にイエスの墓に向かわせるほどに斬新なものでした。

4. クリスチャンの死には意味があったこと

それまで信仰のために死をも厭わないという態度を見ることはありませんでした。人生は幻であり、犠牲になることもたいしたことはないと教えるような他の文化の国の人々とは異なり、クリスチャンにとって命はとても大切なものでした。しかも、その彼らが造り主のためであったら喜んでその命を捧げようと思っていたのです。

次のことを話しあってみましょう。

1. 現代人の教会に対するイメージとはどのようなものでしょうか。
2. そのイメージはあなたが理解している実際の教会と比較してどのように違っているでしょうか。
3. どのようにして教会が分裂していったのでしょうか。
4. 教会は「社会の端から」人々を引き付けると言われていますが、それは本当だと思いますか。なぜそのように思われますか。

第二課　教会と迫害の歴史

第一課では以下のことを話し合いました。

1．いつ教会の歴史が始まったのか。
2．紀元 70 年に起こった重要な事とは何か。
3．紀元 312 年に起こった重要な事とは何か。
4．クリスチャンのメッセージは他の哲学者たちのものとはどのように違っていたのか。
5．初期のクリスチャンはどのような特徴を持っていたか。

第二課では教会と迫害の歴史を学びます。

ローマ帝国の絶頂期、皇帝たちは十代続けてクリスチャンになること、またはクリスチャン関係の書類をもつことを違法としました。クリスチャンの信仰はローマの哲学であるローマによる平和（パックスロマーナ）とは相容れないものでした。ローマ帝国に対する反抗を抑えるためにその支配下に置いた人々に対してローマは信仰の自由を認めていました。しかし、クリスチャンは例外だったのです。例外にされたのには三つの理由があります。

1．クリスチャンは他のどの宗教とも異なっていた
　　例をあげると、まずクリスチャンはローマの神々を礼拝することをしなかった。また彼らは人の命の神聖さを傷つけるとしてローマの闘技場に行かなかった。彼らはローマの病院は癒しの蛇神エスカラピアスを祭っていたとしてローマの病院に行かなかった。彼らはローマの幼児の間引きの慣習を非難し、しばしば捨てられた赤子を助けていました。またクリスチャンはローマの、そしてアリストテレス哲学の、またユダヤの考え方とは反対に、女性を高く評価していました。

2．クリスチャンは誤解されていた
　　「イエスの体と血」をいただく主の晩餐（聖餐式）（マタイ 26:26-29）は人食いの習慣と誤解されていた。クリスチャンは様々な神々を無視したので無神論者と批判されました。

3．クリスチャンは皇帝を礼拝することを拒否した
　　ローマの支配下にいる全ての者は、それぞれの宗教の礼拝と共に、お香を捧げて「シーザー（皇帝）は我らの主なり」と言わなければなりませんでした。それがなされ、記録されて

初めて自分たちの選んだ宗教の儀式をすることができました。クリスチャンはイエスを礼拝したので迫害されたのではなく、イエスしか礼拝しなかったので迫害されたのです。

自分の経験から「誤解されたクリスチャン」ということをグループで話し合いましょう。あなたの友人の輪の外にいる人たちはあなたの信仰をどのように見ているでしょうか。

その人たちの見方について、あなたはどのように思われますか。

「宗教の自由、他宗教への寛大さ」とはあなたにとってどのような意味を持ちますか。あなたは同じような考えでクリスチャンの輪の外にいる人々を見ることができますか。

あなたの信仰に対して激しい非難を受けたとき、「寛大さ」という名のもとに何も反論しないでいるという気持ちになりますか。もしあなたが正々堂々と意見を述べたらどうなるでしょうか。

第三課　聖書

第二課では以下のことを話し合いました。

1. 初期のクリスチャンたちの命は神聖であるという考えは彼らの住んでいた社会における彼らの立場にどのように影響したのか。
2. なぜローマの人々はクリスチャンを無神論者だとしたのか。
3. もしクリスチャンがイエスを礼拝したゆえに迫害されたのでなければ、なぜ迫害されたのか。

第三課では聖書のことを学びます。

初代教会は手紙と福音書を通して知られていたイエス・キリストの良き知らせを伝えたメッセンジャーたちによって成長していきました。しかし、教会が成長するにつれクリスチャンの信仰の真理を否定するようないくつかの考え方が出て来るようになりました。

一つの例として「グノーシス主義」という考えが台頭してきたことがあります。神の完全さと人の不完全さが同時に存在できるわけはないという考えから、グノーシス主義ではイエスは人間として生まれたけれども、後に霊的存在に変換したのだと教えました。あなたは聖書の中でそのように教えている箇所を思いつきますか。

またエビオン派というグループは、そうではなくて、イエスは良い人間であった、ただそれだけのことであると信じていました。今の世の中でも霊的な存在を受け入れることのできない人々がエビオン派の神学を述べるのを聞くことがあると思います。

それらのこと、またその他の異なる考えに対する答えとして二世紀に「護教論者、アポロジスト」と呼ばれるクリスチャンたちが教会では何が真実とするかを正確に説明するために出てきました。ローマの迫害が強くなる状況の中で、このことはとても重要でした。

皇帝デキウスはクリスチャンの信仰全てが聖書の中に書かれていると考えました。従って、聖書を破壊すれば、教会を破壊できると考えたのです。彼はローマ帝国内でキリスト教の文書を持っている者はいかなる者でも処刑するという勅令を発しました。

それで信仰者の中には「なんのために喜んで命を投げ出すことができるだろうか」という疑

第一課　第二課　第三課　第四課　第五課　第六課　第七課　第八課　第九課　第十課

問が起こってきました。二世紀当時にはトマスによる福音書、ヘルマの司祭、そしてコリントの人々への手紙など、すでに多くの手紙やエッセーが教会の人々の間で読まれていました。良いものもありましたが、イエスの教えに相反する多くの書物がありました。そこでクリスチャンたちは何が公認される聖書であるか、何を捨てるかを決めねばならないと考えました。

紀元 360 年までに今の新約聖書が編纂され正式なものであるとされました。旧約聖書はすでにユダヤの学者たちによって確立していたので、それらが新約聖書時代の教会の土台となりました。

聖書を何冊持っていますか。

どれか一冊でも捨てることはできますか。できるとしたらなぜですか。またできないとしたらどうしてですか。

「誤りなき」という言葉がクリスチャンたちの中で使われる時、それはあなたにとってどのような意味を持ちますかも。

第一課
第二課
第三課
第四課
第五課
第六課
第七課
第八課
第九課
第十課

第四課　司教の台頭

第三課では以下のことを話し合いました。

１．なぜグノーシス主義は反クリスチャンなのか。
２．クリスチャンの「護教論者」とは何をする人たちか。
３．聖書の正典化はなぜ重要なのか。
４．「聖書は原典において誤りなき神の言葉である」というのはどのような意味があるでしょうか。また今日の教会にこの言葉はどのように当てはまるのでしょうか。

第四課では司教の台頭を学びます。

教会が成長し拡大していく時には牧師、長老、そして執事たちが教会のリーダーとなりました。紀元 312 年までには牧師が「監督者」となりいくつかの教会とそれぞれの教会のリーダーたちをまとめる責任を負うようになってきました。この監督者は司教と呼ばれるようになり、すべてが最終決定権を持つ一個人の権威の下に置かれるようになりました。

この構造が組織としての教会を形づくっていくようになったのですが、どうにしてそのようになったのでしょうか。大きな理由の一つは背教者、迫害を受けたために信仰を捨てたクリスチャンたちをどのように扱うかという問題でした。一度は主を拒絶した彼らは再び教会に戻ることができるのだろうかということでした。

司教の一人であったキプリアヌスは、二つのことがなされれば、彼らは再び受け入れられるべきであると提案しました。一つは司教の赦しを得ること、そしてもう一つは悔い改めを行動で示すことです。

これに対し二人の司教がこのように提案しました。一人はノヴェイシャンという司教で、彼は人間には許しを与える権限はないのだから背教者は教会にもどることはできないと言いました。もう一人の司教コルネリウスは悔い改めの行動によって司教がその者を赦すことができると言いました。

コルネリウスは議論に勝ち、後にローマの司教に選ばれました。このことがこの後の 200 年に醜い影を落とすことになるのです。なぜだか推測できますか。

司教が赦すことによって背教者を再び教会に迎え入れることができるとなったのです。救いの力は教会のリーダーたち、司教たちにあるのだと思われ始めたのです。このような権限は次第に信仰深い各地の教会のリーダーたちをも堕落させ、リーダーたちが権力を濫用するようになってしまいました。当時各地のリーダーたちは、その地域のリーダーの下に、その地域のリーダーたちは教皇の下にという構造になっていました。この構造の下でローマ教会は各地のリーダーたちに罪を赦す権限を与え、それに反対する者たちはローマ教会から離れていきました。そして考えの異なるリーダーたちがお互いを破門するという最悪の事態になってしまいました。普遍的教会あるいは万人の教会は次第にローマカトリック教会にとって代わられ、分裂の道を開いてしまうことになります。

あなたは迫害に耐えたクリスチャンたちが、迫害によって棄教した者たちが教会に戻って来たいというのをどう感じたと思いますか。

赦しを与えるという問題がプロテスタント改革の道を開きました。あなただったらノヴァティアンやコルネリウスの意見にどのように応じるでしょうか。

第一課　第二課　第三課　第四課　第五課　第六課　第七課　第八課　第九課　第十課

第一課　第二課　第三課　第四課　第五課　第六課　第七課　第八課　第九課　第十課

第五課　キリスト教の時代　90 年から 1517 年

第四課では以下のことを話し合いました。

1. なぜノヴァティアンとコルネリウスは論争したのでしょうか。
2. あなたは初期教会の人たちが背教者たちが教会に戻ってくるのをどのように思ったかをそれぞれに意見を出し、話し合いました。

第五課ではキリスト教の時代：紀元 590 年から 1517 年までを学びます。

皇帝コンスタンティヌスがクリスチャンになったことによって、ローマ帝国は勅令によりキリスト教国となりました。教会と政府は同格の権威を持ち、グレゴリウスが 590 年に最初の教皇として任命されました。

ここにキリスト教の時代、またの名を中世、教会と国家とが一体となった時代が始まります。この時代はプロテスタント改革が始まる 1517 年まで続きます。

ローマ帝国が 5 世紀に崩壊し、権力の空白ができ、そこにイスラムの勢力が東からやってきます。戦いに次ぐ戦いの連続の後 800 年にカール大帝（シャルルマーニュ）に率いられた軍が偉大な勝利をおさめ、教皇は彼を「神によるアウグストゥス」という称号を与え、復活したローマ帝国の統治者であり教会の友であると宣言しました。カール大帝の後は強いリーダーが出ずに各地の将軍たちが騎士たちや城を用いて自分の地域を支配するようになりました。

そして各地の将軍と教会のリーダーたちの間に紛争が起き、教皇グレゴリウス七世は紛争を静めるために、教皇こそが神からの最終決定権を持つという「誤謬絶無の勅令」というものを発しました。しかし、この勅令はヘンリー四世からの挑戦を受けたのですが、戦争になる前にグレゴリウス七世はヘンリー王四世の領地では司教や神父が聖餐式を行ってはならないとする「禁止令」を発令しました。

救われるためには聖餐式にあずかる必要があると信じるヘンリー四世とその部下たちは辱めの中、譲歩することにし、最終的にグレゴリウス教皇から許されることになりました。この事件は教会の歴史の中の極めて重要なもので、その後 500 年もの間教会の権力は挑戦を受けないまま継続していきました。

そして諺の通り、絶対的な権力は必ず堕落するのです。

キリスト教時代の政府と、政府と教会とを分けようとする現在の多くの西側の社会とどのように比較できるでしょうか。

十字軍に関することを調べてみてください。十字軍は拡大のためであったか侵略のためであったかについて話をしてみて下さい。また十字軍は宗教の名の下で行われた最悪の残虐行為であるという多くの人の意見をどのように思いますか。

第一課 第二課 第三課 第四課 第五課 第六課 第七課 第八課 第九課 第十課

第六課　教会の堕落　800年から1517年

第五課では以下のことを話し合いました。

1. キリスト教国とはどのような意味を持つのでしょうか。
2. 教会と政府の分離についてあなたはどのように考えますか。
3. 「誤謬絶無の勅令」とはどのようなものか。

第六課では教会の堕落：紀元800年から1517年を学びます。

教皇グレゴリウス七世がヘンリー四世との確執に勝利した後、教会は西側世界では最高の権力を持っていることが認められ、イギリスからコンスタンチノープルに至るあらゆる国の王や女王の上に君臨するようになりました。この時代は教会の「黄金時代」で、現存する多くのゴシック様式の大聖堂が建てられました。教会の富と影響力が示された時代でした。

しかし人は権力を上手に使うことはできません。この時代の教会も例外ではありませんでした。六つの教義が教会の富と権力を拡大させましたが、その結果1517年のプロテスタント改革を引き起こすことになりました。

六つの教義とは、

1. 聖変化（パンとブドウ酒はキリストの体と血に真に変化する）
   聖体拝領（プロテスタントでは主の晩餐、あるいは聖餐式）でいただくパンとワインは単なるシンボルではなく、実際にイエスの体と血になると教会が教えた。それゆえ叙階（按手）を受けた神父が選んだ者のみがこれを受けることができるとした。

2. 司祭制
   神父だけが聖書を読んで解釈すること、聖体拝領を行うこと、また懺悔を聞くことができるとした。

3. 礼典主義
   教会内だけで行える七つの礼典（秘跡）を行うことによってのみ救いを受けることができると教えた。七つの礼典とは洗礼、告解（告白して赦しを得る）、聖体拝領、堅信（幼児

洗礼後、その意思を七歳くらいで確認するための洗礼をする）、結婚、終油（病人に油を塗り、苦痛が和らげられ、救いが与えられるように規定された文言を唱える）、そして叙階（聖職者になる）、である。

4. 煉獄

天国と地獄の間に煉獄という場所があり、最後の審判の前に、すべて告白されていない罪はそこで焼き尽くされなければならないと教えた。

5. 免罪符

教会から免罪符を買うことによって煉獄に行くことを免れると教えた。ローマの聖ピエトロ寺院はこの免罪符の売り上げだけによって建てられた。

6. ヴィアモデルナ（ラテン語で新しい道、あるいは方法）

免罪符の購入に加え、教会の利益のためになることをすることで神の恩恵を受けることができるとした新しい考え方のこと。

700 年以上もの間、これらの教義に対して一人のドイツの修道士が「もうがまんできない」と言うまで、読み書きのできない信仰者や信仰者たちの受託団体からは挑戦を受けることはなかった。

第七課　信仰の擁護者

第六課では以下のことを話し合いました。

1．六つの教義が教会の力と富の拡大を促しました。
　　その六つの教義とはどのようなものでしたでしょうか。

第七課では信仰の擁護者たちの姿を学びます。

ローマカトリック教会内の全ての人が増大していく腐敗、堕落に加担していたわけではありません。多くの信仰者はイエス・キリストや初期の使徒たちの教えに忠実でした。そのようなグループの一つが「托鉢修道士」あるいは「修道士」と呼ばれるものでした。彼らは公然と教会を非難するのではなく、教会から離れ、信仰と良き働きのために静かに生きることを選びました。彼らは「托鉢修道士」と呼ばれ、彼らの献身により教会の本質が保たれました。

ローマ帝国の他の地域ではヨーロッパの国々が力をつけてきて、ローマ教会の権威に次第に従わなくなってきました。1317 年にクレメンテ七世という新しい教皇がフランスで即位しました。一方ローマではウルヴヌス六世がそれに対抗して即位しました。それぞれがお互いを破門し、人々はどちらの教皇に対しても敬意を抱きにくい状況に置かれました。

権威を失墜するという危機感から、状況打破のため、教会は人々を「信仰に立ち返らせる」ために「宗教裁判」という名のもとに政治的な圧力や肉体的な拷問を加えることをし始めました。宗教裁判を正当化するために、イエスがたとえ話の中で主人が「道やかきねのあたりに出て行って、この家がいっぱいになるように、人々を無理やりにひっぱってきなさい」というルカ 14:23 の聖句がしばしば引用されました。

宗教裁判の後、三つの大きな反乱の波が押し寄せ、最終的には 1571 年のプロテスタント改革へとつながっていきました。最初の波はオックスフォード大学の教授であったジョン・ウイクリフによるものであった。彼はギリシア語で書かれた聖書を英語に翻訳し、一般の人々が読めるようにしました。しかし、教会によって沈黙するように命じられました。

ウイクリフは聖書だけが彼が認める唯一の権威であり教会ではないと応答しました。それによって彼は教会から破門されましたが、弟子たちのグループを教え続け、人は教会の秘跡で

ある洗礼と聖体拝領によって救われるのではなく、神の恵みによって救われるのだと説き続けました。

ウイクリフの最後は自然死でしたが、教会のリーダーたちは彼の墓を暴き、彼の死体を掘り起こし、焼き、灰をテムズ川に投げ捨てたのです。歴史学者たちは、教会のリーダーたちの思惑とは反対に、「ウイクリフの灰はテムズ川を下り、英国海峡に出て、ヨーロッパを席巻した」と述べています。

今日、ウイクリフ聖書翻訳者たちは、神の言葉を世界の全ての人々に母国語で届けることに全力で取り組んでいる、世界で最も活動的な組織です。

ルカ 14:23 は人々に信仰を押し付けることを正当化する言葉だと思いますか。そのためにはどのような力を用いることができるでしょうか。

宗教裁判に関わった人々は残虐で高圧的な人々であると思われていますが、そのような人々にも神の恵みから外れたとされた人々への心からの思いやりがあったと思いますか。

「権威」という言葉を考えてみてください。誰がこの世であなたを支配する権威を使っているでしょうか。ある権威と他の権威が相反する時、あなたはどうしますか。

第八課　不満が満ちる

第七課では以下のことを話し合いました。

1．権威というものはどのようなものか。またあなたの人生の中で権威とはどのようなものか。
2．自由意思と宣教の方法。
3．15 世紀の宗教裁判官は実際にはいい人だった？

第八課では抵抗者たちが現れてきた状況を学びます。

ジョン・ウイクリフが聖書を英語に翻訳してから、一般の人々が神のみ言葉に触れることができるようになると、ローマカトリック教会に対する批判が表面に現れてくるようになった。ジョン・フス（名前のフス Huss というのはアヒルという意味）はその当時ボヘミヤの大学生でウイクリフの考えの支持者でした。彼の地元のカトリック教会が、絶対に告発しないことを約束するから、教会に来て彼の考えを述べてくれるようにと頼みました。

彼が自説を発表し終えると、彼は異端であると判決が下され、死刑が宣告されました。彼が教会に事前の約束はどうなったのかと聞くと、教会は「異端者には約束は無効である」と答え、1415 年 7 月 6 日、彼は火刑柱に架けられ火あぶりにされました。フスの最後の言葉は、「このアヒルを調理することはできる（今でも英語でよく使われる句）かもしれないが、私の後に来る方にはあなたは太刀打ちできない」でありました。

彼の言葉は預言のように、ドイツの炭鉱夫の息子であるマルチン・ルターによって事実となっていくのです。修道士であったルターはローマを訪問した時の教会の腐敗のひどさにひどくショックを受けて、自分の故郷のウィッテンベルクに帰ってから 95 か条の抗議書（命題）を書き、地元のカトリック教会の扉に釘で打ちつけたのです。その後すぐに、教会の代表であるジョン・エックとルターの間に討論の場が設けられました。

討論は 18 日間にも及び、大騒ぎの内に終わりました。フスの時とは違って、グーテンベルクの活版技術が開発されたばかりで、この問題はヨーロッパ中の人々を巻き込む大論争となりました。

ルターは二年間隠れて暮らさなければなりませんでした。その間に彼は聖書をドイツ語に翻

訳し、一般の人々に配りました。彼の考え方を支持する人々のことを「抵抗する者、プロテスタント」と呼ぶようになり、ルターの周りにいる人々はルーテル派と呼ばれました。

ルターの 95 か条の論題（付録 1）を読んでみましょう。それはあなたの理解する神とその教会というものに一致していますか。

第九課　線は引かれた

第八課では以下のことを話し合いました。

1．ジョン・フスが権威に対して声をあげた結果どうなりましたか。
2．マルチン・ルターと95か条の命題。

第九課ではカトリック教会とプロテスタント教会の根本的な違いを見ていきましょう。

16世紀の半ば、教会は反乱の第三の波をこうむり、ヨーロッパは二つに分断されます。カトリックとプロテスタントです。イギリスだけは例外で、この異なる二つの考え方がまじりあって英国教会となります。聖公会は英国教会から出て来た教派です。

宗教上の理由、また政治上の理由により戦争が起こり、1648年にウェストファリア条約が結ばれて戦争が終結した時にはヨーロッパは荒廃してしまっていました。条約は「双方が合意できないことに合意する」という形で新たな宗教的寛容の時代が生まれました。

両陣営による歩み寄りもありますが、以下のような根本的な違いが今も残っています。

1．教皇制
　　カトリック教会はすべての教皇の先祖をたどるとペテロの家系までさかのぼることができると信じています。プロテスタント教会はそれを否定しています。

2．権威
　　カトリック教会は最終的な権威は教皇にあるとしていますが（現在では聖書に権威があるとするカトリック教会もある）、プロテスタント教会は聖書にあるとします。

3．バプテスマ（洗礼）
　　カトリック教会は救いのためにはバプテスマが必要であるので、幼児にも洗礼を施します。ほとんどのプロテスタント教会はバプテスマは救いのための儀式ではなく、信仰告白をした後の象徴的な行為であるとします。

4．聖餐式（主の晩餐）

　カトリック教会はキリストの体と血が実際にそこに存在するとしますが、プロテスタント
教会はこれをシンボルであるとします。

5．救い

　カトリック教会では救いは信仰と、良い働き、それに秘跡を行うことによってもたらさせ
るとしますが、プロテスタント教会は信仰のみによるとしています。

6．母マリア

　カトリック教会はキリストの母マリアには罪がなく、私たちの祈りを聞き入れてくださる
と考えますが、プロテスタント教会は、マリアは普通の人間であって、神によって選ばれ、
イエスの肉体的な母になったと考えます。

これらがカトリック教会とプロテスタント教会の考えの違いですが、次の課では神の民を本
当の教会に結び付ける信仰についてみていきたいと思います。

第一課
第二課
第三課
第四課
第五課
第六課
第七課
第八課
第九課
第十課

第十課　教会：光の共同体

第九課では以下のことを話し合いました。

1. ウェストファリア条約（1648年）によって「双方が合意できないと合意する」ことになりました。
2. カトリック教会とプロテスタント教会の間では六つの教義についてお互いに承認できていません。

第十課では教会ー光の共同体ということを学びます。

人間の歴史を振り返ると、私たちは腐敗の文化の中にいることがよくわかります。すべての世代はその世代の一つ前の「古き良き時代」を懐かしみます。ローマ帝国が崩壊する直前には、ローマの市民たちはローマ時代の規律、敬意、従順といった特徴を失っていました。それらを失ってしまったためにローマ帝国は異邦人の侵略に耐えることができず、5世紀には混乱した状態になってしまいました。西側社会は教会という一つの勢力がなかったならば暗黒の時代から抜け出ることはできませんでした。

混乱と破壊の中、教会は自らを超えた力を土台にした規律、創造性と道徳的秩序という対抗文化的価値観を提供し続けました。修道士は聖書だけでなく、古文書をも保存しました。彼らは祈りに励むだけでなく、学ぶこと、そして瞑想すること、信仰を守り通すことを大切にしていきました。

小さいながらもあきらめないグループ群として、教会は異邦人やローマ帝国の価値観に果敢に挑戦しました。暗黒時代の光の共同体として、彼らは神が与えてくださった絶対的な正義、不正、罪、裁きに人々の目を向けるようにし、結果として彼らの文明を救いました。

現在では聖書の理解と教会の方針の違いにより、教会は少なくとも64のプロテスタントの教派、70のカトリックの修道会に分かれています。しかし、そのような多様性にも関わらず、クリスチャン共同体の共通の基盤があります。それは二世紀にはじまったとされる使徒信条と呼ばれる書き物の中によく表されています。

12の信条（credo 信条とはラテン語で「私は信じる」という意味の言葉）によってすべての

クリスチャンは、教派に関係なくキリストご自身によって一つの体として結ばれます。使徒信条（付録 2）を見てみましょう。読みながら、迫害と死とが迫ってくる中でも何百万人ものクリスチャンがこの使徒信条に固く立っていたことを思い起こしてみましょう。あなたは彼らと一緒にここに立つことができるでしょうか。

第二部　私たちは今どこに立っているのか？

第一課　私たちは今どこに立っているのか？

キリストの教会の学びを通して私たちの受け継いできたものがどのようなものであるかを漠然とわかり始めたのではないかと思います。それでは私たちの受け継いできたものにはどのような特徴があるのかを見ていきましょう。私たちがある人を「クリスチャン」と呼ぶとき、あなたは彼あるいは彼女がどのような人物だと思っていますか。クリスチャンの信仰がほかの信仰と比べて劣ることはないという説得力を持った説明をすることができますか。

アナガイオン第二部では十課にわたってそれらの質問に答えようとしています。ご一緒に参加するためにあなたの信仰を守る、あるいは場合によっては少し変更を加えることができるように心の準備をしてきてください。聖書を持ってきてください。PC に入っているものでも、本になっているものでも構いません。またキング・ジェームス版でもグッドニュース版でも構いません。あなたの手に聖書を取り、クリスチャンが何を信じ、何を信じないかを理解することができるようにしていきましょう。

なぜそのことがそれほど重要なのでしょうか。信仰がしっかりしていない信仰者は敵の攻撃にもろいのです。イエスの兄弟であるヤコブはこのように言っています。「ただし、少しも疑わずに、信じて願いなさい。疑う人は、風に吹かれて揺れ動く、海の大波のようです。そういう人は、主から何かをいただけると思ってはなりません。そういうのは、二心のある人で、その歩む道のすべてに安定を欠いた人です」（ヤコブ 1：6-8）。

まずクリスチャンとして、私たち一人一人は神と共に歩むことで何を学んだかを教える責任が与えられているということを言う必要があります。

エペソ 2:8-10 を読んでください。

「あなたがたは、恵みのゆえに、信仰によって救われたのです。それは、自分自身から出たことではなく、神からの賜物です。行ないによるのではありません。だれも誇ることのないためです。私たちは神の作品であって、良い行いをするためにキリスト・イエスにあって造られたのです。神は、私たちが良い行ないに歩むように、その良い行ないをもあらかじめ備えてくださったのです」（エペソ :8-10）。

この聖句の重要性に気づかれましたか。パウロの手紙、またその他多くの聖書の箇所によると、私たちは単にかっこ良く造られたのではありません。私たちが生まれる以前から、神は私たちに役目を用意されていました。ということは、あなたは毎朝起きて、「今日私にはやることがある。もし私がやらなければ、それはいつまでも終わらない」と自分自身に言うことができきます。

時々あなたは自分がなぜ天国での素晴らしい生活を楽しんでいるのではなく、ここに座ってこの本を読んでいるかと思ったことはありませんか。考えて見てください、使徒パウロが「目が見たことのないもの、耳が聞いたことのないもの、そして、人の心に思い浮んだことのないもの。を、神を愛する者のために、神が備えてくださったものは、みなそうである」（コリントⅠ　2:9）と書いたときは、パウロは預言者イザヤの言葉を引用しているのです。言い換えるならば、あなたが天国のことをどのように想像しているかわかりませんが、どのようなものが待っているかは私たちの想像をはるかに超えたものであると聞かされているので、それは本当の姿ではありません。

イエスが父なる神のもとに行く前に語った彼の言葉、「わたしの父の家には、住まいがたくさんあります。もしなかったら、あなたがたに言っておいたでしょう。あなたがたのために、わたしは場所を備えに行くのです」（ヨハネ 14:2）のことを考えてみましょう。

イエスが天国に私たちの場所を用意しに行ってくださったのなら、なぜ私たちはまだここにいるのでしょうか。天と地は六日の間に造られましたし、またイエスが天に行かれてから 2000 年以上も経っているのになぜでしょうか。

この難しい問題に対して答えようとすると、私たちはエペソ 2 章のみ言葉に戻ってしまいます。私たちは私たちが生まれる前から準備されていた役目を果たすために造られたのです。その役目が終わるまで、天国は私たちが行くのを少し待たねばなりません。

言い換えれば、心臓が鼓動している限り、私たちはそれぞれに与えられた役目を果たしていないということです。しかし、その役目を果たした時にはイエスは待っていてくださり、「私の大切な子どもたちよ、ここに来てあなたを待っているものを見てみなさい」と言ってくださいます。

アナガイオンとはあなたが造られた役目を果たすことであります。それを成し遂げるには準備をしなければなりません。少し時間をかけて、私たちに与えられた賜物を磨いていきましょう。あなたの信仰をはっきりと知るために必要なのは神のみ言葉、聖書だけです。聖書を開けて、あなたに必要なみ言葉を探すことができるでしょうか。これらの聖句をもう一度読み、線を引いて、それぞれの聖句の真理をあなたの周囲の人々にわかりやすく伝えるにはどうしたらいいかを学んで行きましょう。

ここに基本的なことを書き出しました。

1．罪の現実性
　　「すべての人は、罪を犯したので、神からの栄誉を受けることができない。」（ローマ 3:23）

2．罪の結果
　　「罪から来る報酬は死です。しかし、神の下さる賜物は、私たちの主キリスト・イエスにある永遠のいのちです。」
　　（ローマ 6:23）。

3．罪からの解放
　　「なぜなら、もしあなたの口で、イエスを主と告白し、あなたの心で、神はイエスを死者の中からよみがえらせてくださったと信じるなら、あなたは救われるからです。」
　　（ローマ 10:9）

4．新しい命
　　「だれでもキリストのうちにあるなら、その人は新しく造られた者です。古いものは過ぎ去って、見よ、すべてが新しくなりました。」
　　（コリント II 　5:17）。

5．確信に満ちた人生
　　「私はこう確信しています。死も、いのちも、み使いも、権威ある者も、今あるものも、後に来るものも、力あるものも、高さも、深さも、そのほかのどんな被造物も、私たちの主キリスト・イエスにある神の愛から、私たちを引き離すことはできません。」
　　（ローマ 8:38-39）。

これらの五つの聖句が自分の人生にどのような影響を与えたのか、全員で話し合ってみましょう。似通ったことが書かれている聖句を考えてみて、あなたが毎日会う人々のことを話してみましょう。彼らはこれらのメッセージをどのように受け止めるのでしょうか。福音を聞いたことのない人たちとどのようにして福音のことを話すことができるかを考えてみましょう。できたら今週はそれをやってみてください。

その経験を来週グループの中で話し合ってみましょう。

また次に会う時までにあなたの今までの人生と、キリストとの関わりについて簡単な証を書いてみましょう。たとえばクリスチャンになる前のあなたのこと、キリストを受け入れるようになる影響を与えた人、あるいは出来事などについてです。

次回それらのことを持ち寄って、私たちのこれからの行く道のことを話してみましょう。

第一課
第二課
第三課
第四課
第五課
第六課
第七課
第八課
第九課
第十課

第二課　祈り

第一課では以下のことを話し合いました。

１．クリスチャンとして、私たちには人に教える責任が与えられています（マタイ 28:18-20 を参照）。
２．私たちは神が与えてくださる役目を果たすために造られました（エペソ 2:8-10 を参照）。
３．私たちが福音の真理を伝えるために必要なことはすべて神のみ言葉である聖書に書かれています。

それではあなたがたが書いて来られた個人的な証しを全員で聞きましょう。あなたの経験を全員で話し合いましょう。そして神がいかに様々な方法を用いてあなた方を神のもとに引き寄せてきたかを見てみましょう。

第二課では「祈り」について話し合います。

祈りとは何でしょうか。

１．未信仰者にとっては祈りとは心からの願いでしょう。
　　「彼女が私に気づいてくれるように」という願い。
２．仏教の信者にとっては心を無にすることでしょう。
　　「南無（阿弥陀如来に帰依するという意味）」と繰り返し声に出して心を無にする。
３．精霊信仰者にとっては霊的な力との交渉でしょう。
　　「私たちは村の処女を火口に投げ込んだのだから、何か見返りがあるはずである。」
４．クリスチャンにとっては何でしょうか

あなたにとって祈りとは何でしょうか？　あなた、もしくはあなたの親しい人が祈る時のことを話してみましょう。どんな感じがしたでしょうか？何かが起こりましたか？

どのようにして他人の祈りがあなたに影響するのでしょうか？またあなたの祈りがどのように他人に影響するのでしょうか。

祈りについて、助けとなることをいくつか挙げてみます。

1. 祈りを毎日の習慣にしてください（ルカ 5:16）。
2. 一人でも祈り、また多くの人の前でも祈ってみてください（ヨハネ 11:41-42）。
3. 祈りの中に含まれるべきもの
 ① 賛美（マタイ 6:9）
 ② 感謝（ピリピ 4:6）
 ③ とりなし（ヤコブ 5:16）
 ④ 個人的な願い（マタイ 7:7）

祈ってみましょう。神があなたの部屋におられると想像してみましょう。あなたは神に何と言いますか？そのことを口に出して言ってみましょう。

第三課　毎日のデボーション

第二課では以下のことを話し合いました。

祈りについて

1．祈りに関してキリスト教は他の宗教と何が違うのでしょうか。

2．私たちの人生、また他の人の人生が祈りによって影響を受けたでしょうか。

3．祈りの中に含まれるべき四つのこととは何でしょうか。

第三課ではデボーションについて学びます。

デボーションとは何でしょうか。

    1．神を知るために、毎日決まった時間を確保する。

    2．学びの時

    3．礼拝の時

    4．神に話をする時

    5．神の言葉を聞く時

神を知ることは可能でしょうか？

そのことについて聖書は何と言っているでしょうか？

    1．イエスを信じる人のためになされたイエスの祈り（ヨハネ 17:1-3）

    2．教会のためのパウロの祈り（エペソ 1:16-17）

    3．パウロの生きる目的（コロサイ 2:1-2）

    4．神を知ることは信仰者であるしるし（ヨハネ I 4:7-8）。

    5．神を知らないことは未信仰者であるしるし（テトス 1:15-16）。

なぜ私は学ぶのかということを考え、デボーションの時を持ちましょう。

    1．イエスはそれを勧めた（マタイ 11:29）

    2．学ばないことはとても危険である（ペテロ II 3:15-18）

何を学ぶべきかを考えましょう。

      1．神のみ言葉（テモテⅠ 4:13）

      2．人々の証し（ヨハネⅠ 5:10-12）

      3．神のみ言葉に関する本、この世における神の働きに関する本

注意すべきことは、

聞いたこと、そして読んだことの全てを聖書に書かれていることと比べてみましょう。
もし一致しないことがあれば、それは学ぶ必要のないことです。

第四課　礼拝

第三課では以下のことを話し合いました。

1. 毎日のデボーションについて。
   デボーションとは何でしょうか。
   デボーションに含まれるものとは何でしょうか。

2. 神を知ることについて
   いろいろ反対の意見もありますが、神を知ることは可能で、私たちはそうすることを
   勧められています。

3. デボーションの一環としての学びについて。

第四課では礼拝のことについて学びます。

1. 礼拝とは何でしょうか。
   「礼拝」という言葉は宗教の世界の外ではどのように使われているでしょうか。

2. 感情としての礼拝、また行為としての礼拝ということを話し合ってみましょう。
   両者にはどのような違いがあるでしょうか。またどちらか一つが欠けても礼拝は成り立
   つでしょうか。

3. 礼拝について聖書はどのように語っているでしょうか。
   ① 詩篇 100 篇を読んで話し合ってみましょう
   ② 詩篇 100 篇とイザヤ 29:13-14 を比べてみましょう。
      それらは礼拝について何をあなたに教えているでしょうか。
   ③ マタイ 4:8-11 を読んでみましょう。サタンはイエスに何を求めているのでしょうか。

あなたは礼拝をどのように考えますか。あなたが礼拝をした時のことを話し合ってみましょう。
どこで礼拝をしましたか？どんなことが起きましたか？

あなたの時間、あなたの持ち物、あなたの才能をどのように礼拝の一部とすることができる
でしょうか。

第一課

第二課

第三課

第四課

第五課

第六課

第七課

第八課

第九課

第十課

第五課　キリストの教会とは

第四課では以下のことを話し合いました。

1．礼拝について、また異なる言葉や文化の中でのこの言葉が使われているか。
2．感情と行為としての礼拝について。
3．聖書は礼拝についてどのように語っているか。
4．私たちのそれぞれの個人的な礼拝の経験について。

第四課ではキリストの教会について学びます。

あなたがクリスチャンになった時、あなたは神の家族の一員となりました。神はあなたの天の父で、すべてのクリスチャンは同じ家族の兄弟姉妹になりました。それで多くの教会ではメンバーがそれぞれを兄弟姉妹と呼ぶのです。

クリスチャンの教えでは教会とは信仰者のグループ、もしくは建物を指します。「キリストの教会」とはマタイ 16:15-18 に書かれたイエスとの関係の上に立ったものを指します。

聖書の中には家族としてのキリストの教会について書かれている箇所がいくつかあります。

1．マタイ 5:43-45
2．マタイ 6:14
3．ローマ 8:15
4．ヨハネ 1:10-13

イエス・キリストはキリストの教会の中で特別な役割を果たしてくださっています。エペソ 5:21-25 を読んでみましょう。そしてキリストの教会の中でのキリストということを考えてみましょう。

残念ながら、この世の多くの家族の中にキリストによって示された理念を見ることはできません。その結果、聖書がキリストの教会の中での兄弟姉妹、あるいは父母のことを語る時、誰もが正しいイメージを描くということにはなりません。

よい見本にはならないと思われる家族の一員である人に、あなたは何と声をかけますか。

キリストの教会は何ができるでしょうか。聖書にはキリストの教会がなすべき四つのことが書かれています。この他に考えられることがありますか？

1．礼拝（詩編 149:1）
2．交わり（ヘブル 1:24）
3．教えること（マタイ 28:20）
4．訓練（エペソ 4:11-12）

これらのことについて、キリストの理念と比較してあなたの教会で話し合ってみましょう。

第六課　キリストの教会の遺産

第五課では以下のことを話し合いました。

1．家族としてのキリストの教会。家族だと思える部分とそうでない部分。
2．教会は何をするのか。私たちの教会と比べてどうなのか。

第五課ではキリストの教会の遺産について学びます。

キリストの教会がなければ、この世界はどうなっていただろうか。本の終わりにある付録4チャールズ・コルソンの「The Body キリストの体」という本には、いくつかの考えなければならない点が書かれています。

コルソンはキリストの教会に関する調査の最後を質問で結んでいます。それは「もしあなたが夜遅くまで仕事をしていて、帰りに暗い路地を通った時、10 人の若い男性に出会ったとします。その男性たちがちょうど聖書勉強会からの帰り道だとわかったら、あなたはほっとするでしょうか」というものです。

私のキリストの教会への責任とは何でしょうか。救いは神の恵みによって代価なしで私に与えられました。しかし、健康な家族の一員であるあなたには、ある決められた責任があり、家族全員があなたにその責任を果たすことを期待しています。幾つかの責任というのは、

1．礼拝に出席する
　　ヘブル人への手紙 10:25 を読んでみましょう。そしてその聖句はどのような意味を持っているかを話し合ってみましょう。
　　「私は他の人々と一緒でなく、一人で礼拝できる」という人に対して、あなたはどのような言葉をかけますか。
2．教会を支える
　　キリストの教会を経済的に支えることは神が信仰者たちに求めておられることです。三つの献金の種類があります。
　　　① 十分の一献金（レビ記 27:30 を読みましょう）
　　　　これは神からの要求です。私たちが持っているものすべて神から与えられたものです。
　　　② 献金（2コリント 9:7 を読みましょう）
　　　　あなたの心の底からの思いに従ってなされる真の献金です。あなた自身で献金するかどうか、また献金する場合の金額も決めるものです。
　　　③ 愛の献金

これは他の人へ献金で、その人の必要または用途に従って捧げるもので、十分の一献金の一部ではありません。

3．主の晩餐

① イエスがイエスご自身とその恵みを私たちが思い起こすために定められたものです（マタイ 26:17-19、26-30）。

② 私たちは主の晩餐にあずかる時、自分の信仰と行動とを振り返ることができます（コリントＩ11:23-29）。

③ 注：誰がこの主の晩餐にあずかることができるでしょうか。

    1．自分たちの教会のメンバーだけでなく、他の教会の信仰者たちも。

    2．どこの教会に属しているかに関係なく、すべてのクリスチャン。

    3．未信仰者も含まれるべきでしょうか？

    4．子どもはどうしたらよいでしょうか？

4．バプテスマ

① イエスはバプテスマを「正しい」と言われました（マタイ 3:15）。

② バプテスマは人々の前で私たちがキリストの教会の家族の一員となったことを示すものです（ローマ 6:3）。

③ バプテスマは古い自分は死んで葬られ、主と共によみがえることを示すものです（ローマ 6:4）。

④ バプテスマはシンボルです。それ自体罪を赦す力はありません。救いは心で信じ、口で告白して与えられるものです（ローマ 10:9-10）。

バプテスマを受けていないと天国には行けないと信じている人に対して、あなたは何と言いますか。

あなたの教会で自分の赤ちゃんにバプテスマをしていただきたいという人に対して、あなたは何と言いますか。

キリストを受け入れたいのだが、バプテスマを受けたくないという人に対して、あなたは何と言いますか。

これらは簡単に答が出る質問ではありません。アナガイオンのグループの中でもさまざまな意見が出て来ると思います。話し合いがどのように進んでいくにしても、このコースはキリストの教会を分断するために書かれたものではないことを忘れないでください。

それぞれの課題についてよく考え、こう質問してみてください。この課題は誰かの救いに影響することがどうか、また様々な意見を持ち寄り、一つの信仰、一人の神、一つのバプテスマのもとに素晴らしい織物を作るようなものであるかどうかを考えてみてください。

第七課　天の父なる神

第六課では以下のことを話し合いました。

１．キリストの教会の遺産。私たちはイエスご自身によって立てられた、長い、高貴な信仰者たちの歴史の中に生まれたクリスチャンたちなのです。

２．キリストの教会があなたに求めるもの。普通の家族と同じように、キリストの体である神の家族の一員として私たちはある基準を守ることを求められています。それらは礼拝出席、献金、主の晩餐にあずかること、またバプテスマなどです。

第七課では天の父なる神について学びます。

イエスが弟子たちにどのように祈ればよいかと聞かれた時、イエスが「天にまします我らの父よ」と始めたのに彼らは驚いたのではないかと思います。それまで神は「創造主」「罰する方」「復讐される方」「力ある方」また「永遠におられる方」などという言葉で表されていました。しかし、イエスはここですべてを創造された方はあなたがたの父のような方であると教えたのです。良い父というものを語る時、私たちはどのような言葉を思い浮かべるでしょうか。考えてみましょう。

１．愛してくださる

生まれたばかりの赤ん坊の顔を覗き込んだ時の感覚はその子の両親でなければ、完全に理解することはできません。生まれた時からその赤ん坊の母親あるいは父親はその子のためだったら自分の命を差し出すという思いになります。歴史の中で実に何回となく父親が子を危険から守るために立ちはだかった、あるいは母親が自分の身をわが子の上にかぶせて危険から守ったという物語が伝えられてきています。たとえ自分の命を失っても子を守ろうとするのです。

そのような話を聞くと、すごいと思いますが、特別に驚いたりはしません。それは両親の愛というのはこの世で最も大きな力の一つだからです。私たちの天の父の愛とはそれにもまして強いものなのです。

聖書の中で神が愛の父であることを示されたことを思い起こすことができますか。もしヒントが必要なら、エレミヤ 31:3、１ヨハネ 3:1、エペソ 2:4-5 を読んでみてください。

２．守ってくださる

世界のどこでも人々は悪霊から身を守ろうとしています。どんな例が考えられますか。また本当にそのようなもので悪霊から身を守ることができるのでしょうか。

テサロニケⅡ 3:3、ヨハネ 10:29、そしてローマ 8:38-39 などを読んでみてください。このような聖句を読むとき、あなたは天の父に対して、どのような思いを抱きますか。

3. 必要を満たしてくださる

　　私たちが毎日必要としているものは天の父が与えてくださいます。ピリピ 4:19、マタイ
　　6:31-33 などを読んでください。私たちは毎日どのようなものを必要としているでしょうか。
　　それらのものを天の父はどこまで与えてくださるのでしょうか。

4. しつけてくださる

　　子として、私たちは愛、守り、備えを必要としていますが、同時にしつけも必要としてい
　　ます。 あなたはヘブル 12:6 に書かれている「主はその愛する者を懲らしめ、受け入れる
　　すべての子に、むちを加えるからである」というしつけ以外、すべてを与えられている子
　　どもを知っていますか。

私たちは天の父が私たちに何を期待されているかをどのように知ることができるでしょうか。

2テモテ 3:16-17 を読んでみましょう。そこには「聖書はすべて、神の霊感によるもので、教えと
戒めと矯正と義の訓練のために有益です」と書かれています。

ローマ 8:32 を読んでみましょう。そこには「わたしたちすべてのために、ご自身の御子をさえ惜
しまず死に渡された方が、どうして、御子といっしょにすべてのものを、私たちに恵んでくださら
ないことがありましょう」と書かれています。

自分の地上の父親は天の父のように愛すること、守ること、必要を満たしてくださること、そして
しつけてくださることにおいて良い例ではなかったという人がいたとしたら、あなたはどのような
言葉をかけますか。

第八課　神の召しとは

第七課では以下のことを話し合いました。

１．神は父のような方です。
２．父として、神は神の子たちを愛し、守り、支え、またしつけられます。

第八課では神の召しについて学びます。

今のあなたの立ち位置をもう一度振り返ってみましょう。あなたはクリスチャンであり、神の子であり、神の家族の一員であります。誰も、またどんな権力もあなたからそれらを奪い取ることはできません。あなたは天の父にいつでも祈ることができ、日ごとにどのようにしたら神とのより良い時間を過ごすことができるかを学んできています。あなたは神の教会の一員であり、祝福された者です。神の御国には、あなたが住むところが約束されていて、そこで神の家族と共に、神の御前で永遠に生きることになります。

それではなぜあなたは今ここ地上にいるのかという当然の疑問が生まれてきます。もし天国がそれほど素晴らしく、あなたに住む場所が用意されているなら、なぜ神は天の住まいにあなたを呼ばないのでしょうか。

答えはとても簡単です。神はあなたのためにある役目を用意されているからです。

パウロがピリピ 1:6 で「あなたがたのうちによい働きを始められた方は、キリスト・イエスの日が来るまでにそれを完成させてくださることを私は堅く信じているのです」と書いていることを覚えていますか。神があなたに与える役目を「召し」と言います。神の子一人一人は生まれる前から、それぞれ特別な召しを受けています（エペソ 2:10）。ではどのようにしてその召しを知ることができるのでしょうか。たくさんの方法がありますが、聖書の神が人々を召される二つの例を見てみましょう。

１．神のみ言葉によって召される
　　イエスは「全世界に出て行き、すべての造られた者に、福音を宣べ伝えなさい」（マルコ 16:15）と命令されました。

２．神の霊によって召される
　　パウロは自分の召しを確信していたので、そのためには死んでもいいと思っていました。使徒 20:22-24 で「いま私は、心を縛られて、エルサレムに上る途中です。そこで私にどんなことが起こるのかわかりません。ただわかっているのは、聖霊がどこの町でも私にはっきりあ

かしされて、なわめと苦しみとが私を待っていると言われることです」とパウロは言っています。

それではあなたへの召しは本当に神からもものなのでしょうか。多くの人々が、男も女も、これが自分の人生に与えられた神の召しだと勘違いして大変な目に遭っているという話を聞きます。神の召しを確認するために二つの方法が考えられます。

1. 神のみ言葉によって確認する
   もしあなたへの召しが聖書の教えと相反する場合、その召しは神からではありません。そのようなことが起こった例を考えてみましょう。

2. 神の人々によって確認する。
   あなたが神の召しであると信じていることを信仰の歩みがしっかりしているクリスチャンたちに打ち明けてみてください。彼らが疑いを持つようであれば、あなたも考えねばなりません。

あなたへの神の召しは何であるかわかりますか。その召しに対して「はい」、「いいえ」、また「よくわかりません」と答えるかどうかわかりませんが、このアナガイオンの学びはその答えを見つける助けとなります。以下の質問に答えてみましょう。

1. あなたはご自分の救いに確信を持っていますか（第一課）。
2. あなたはどう祈るかを知っていますか、また毎日神に祈っていますか（第二課）。
3. あなたは毎日デボーションの時を持っていますか（第三課）。
4. あなたは神とより深い関係になるようなやり方で礼拝していますか（第四課）。
5. あなた健康な教会の一員となり、あなたの信仰の歩みを支えてくれる人々に守られていますか（第五課、第六課）。
6. 神はあなた人生の様々なことに深く関わり合ってくださる「天の父」ですか（第七課）。

もしこれらの質問にすべて「はい」と答えることができるならば、あなたはご自分に対する神の召しが何であるかを知り、行動する準備ができています。唯一残されたことは神の愛のメッセージをこの世に伝えるために出て行くことです。その役目を果たすのに一生かかるかもしれませんが、その日々は他の何かでは得られない、喜び、確信、達成感に満たされたものとなります。

そしてあなたの人生に対する神の召しを知り、実行することの本当の素晴らしさは、あなたから神のメッセージを聞いた人々が、男性女性あるいは年齢に関わらず、それぞれがメッセージに活かされた人生を送るのを見ることができることにあります。そして世界はよりよいものとなり、神の国は喜びに溢れ、あなたの天の父はいつの日かあなたの前に立たれて、「よくやった。良い忠実なしもべだ。主人の喜びをともに喜んでくれ」（マタイ 25:21）と言ってくださるでしょう。

第九課　三つの質問

第八課では以下のことを話し合いました。

1. もしあなたの心臓がまだ動いているのなら、神はあなたをこの地上で必要としておられます。
2. あなたの人生に対する神の思いを実現することは「神の召しに答える」ということです。
3. あなたに対する神の召しは聖書のみ言葉やクリスチャンの方々によって確認されるべきです。

第九課では三つの質問について学びます。

ポストモダンの世界に生きたクリスチャンの研究「How shall we live 私たちはどのように生きたらいいのだろうか」で知られるチャールズ・コルソンによると、すべての宗教が答えを提供しなければならない三つの質問を挙げています。それらは、

　　1. 私たちはどこから来たのか？
　　2. どこで間違ってしまったのか？
　　3. どのようにしたら間違いを正すことができるのか？

一番目の質問「私たちはどこから来たのか」について考えてみましょう。世界の主だった宗教はその質問についてどのように答えているでしょうか。

1. 仏教
   厳密な仏教の考えではこの質問には意味がないとするでしょう。現実と思っていることは全て幻で、何かが何かの始まりであることとするのは不可能であると考えるからです。

2. 神道
   神道を信じる人々はイザナギノミコトとイザナミノミコトの話が始まりだと言うでしょう。彼らは最初の神々で、時の始まりと同時に花から生まれたとされています。天の浮橋（あまのうきはし）と呼ばれる虹の上か鉾を海に突き刺し、引き上げた時に落ちたしずくが最初の日本の島になったと言われています。そこからそのほかすべてを造られたとのことです。

3. ヒンズー教
   ヒンズー教では主なるいと高き神ビシュヌが彼の僕ブラマに世界を作るように命じたという話をします。ビシュヌのへそから芽生えた蓮の花を三つに分け、それらが天と地と空になったとしています。

4．キリスト教、ユダヤ教、イスラム教

　　これらの三つの宗教はその基を旧約聖書に書かれたことを信じています。創世記の一章二章に書かれた六日間の天地創造の神の御業です。神はみ言葉によって無から形あるものを造られました（ラテン語で ex nihilo）と言います。

　　まず天が、そして海が、陸が、続いて魚、鳥、動物、最後に神の栄光の冠である人が造られ、地の上で「増えよ、治めよ」という神の命令を受けます。

5．ポストモダン主義

　　宗教ではないかと誤解されていますが、ポストモダン主義では「斉一説」という哲学、あるいは「目に見えるものは常に存在しているもの」ということを教えます。宇宙は時間の概念はないのですが、もし始まりがあるとすれば、ビッグバンの考え、平たく言うと最初は何もなかったが、突然その何もないものが爆発したということを受け入れることです。

どうでしょうか。それぞれはあなたが小さいころに聞いたことがある物語のようですか。これらを真実であると受け入れることができますか。これらを今受け入れることができるでしょうか。

世界の全ての文化・文明にはそれぞれの「天地創造の物語」があります。どうしてそれらの物語が真実であると思えるのでしょうか。また私たちがどこから来たかを知ることはそれほど大事なことなのでしょうか。

天地創造の物語の一番の問題はそれを目撃した人が残っていないということです。私たちはその物語を作り上げるか、ものの始まりの出来事を私たちに知らせてくださった造り主に聞く以外に方法がありません。

またあらゆる歴史上の出来事について同じことが言えるのを忘れてはなりません。例えば、あなたは古代ローマが存在していたとどうしてわかりますか。同じように、あなたが生まれたという証拠を見せることはできますか。

全ての世界中の天地創造の物語の中に「何かが間違ってしまった」という出来事が含まれています。次の学びでは、私たちはその事例と共に、どのようにして、その問題を解決したらいいのかという提案を見てみましょう。

第十課　二つの質問

第九課では以下のことを話し合いました。

１．世界の全ての宗教は、それが信頼するに値するということを示すため三つの質問に答えなければなりません。
２．世界の七つの主なる宗教を考え、第一の質問についての答えを話し合う。

第九課では次の二つの質問について学びます。

あなたが世界のどこを旅しても、そこで出会った人々はこの世の何かが悪い方向に行ってしまったのではないかと思っていることを知ることになります。この世の不正、貧困、痛み、苦難などを見ると「なぜこのようになってしまったのか」と思わざるを得ません。そのことについて主な宗教はどのように答えているでしょうか。

1．仏教
仏教徒は苦難は幻であって、不完全さの産物であると考えます。

2．神道
神道を信じる人たちは私たち全て、神々も含めて、完全ではないので過ちを犯してしまうのだと教えます。完全になろうと努力をしなければなりませんが、どうしてもそれは不可能であるということも受け入れなければなりません。

3．ヒンズー教
ヒンズー教徒は生きている間、完全さを求めて努力しますが、目標に到達することはありません。それゆえもう一度生まれ変わる（それがより高い、あるいは低いものになるかは前の人生の成功度によって変わる）必要があると教えます

4．キリスト教、ユダヤ教、イスラム教
これらの宗教はこの世が悪いのは人間によるので、すべての責めは自分たちにあると教えます。良かったとされるものが私たちの自由意思で損なわれてしまったのだと教えます。

5．ポストモダン主義
ポストモダン主義ではまず「悪い」というのはどのようなことかと考えます。なぜならすべては相対的であるからです。「良い」も「悪い」も一人一人の考えであって、絶対的な「真理」は存在しないと考えます。それゆえ不正や苦難に見えることに対して誰にもその非がある

とは言えないとします。

それではどのようにしたら、この問題を解決できるのでしょうか。

好むと好まざるとに関わらず、私たちはすべて苦難に遭います。その時、よく私たちは宗教に答えを求めます。宗教はどのように答えてくれるのでしょうか。

1. 仏教

仏教徒は痛みを感じる不純な思いを清めるために黙想をするようにと言います。それが限界まで進められると「涅槃」の境地に達します。そこでは幻である存在そのものが消し去られ、内なる平安が与えられるとします。

2. 神道

神道の信徒はそれぞれ特別な力の備わった神々がおられる神殿を指し示します。受験の成功から失ったことの嘆きの慰めなど何でもその能力の備わった神に祈り、賽銭や犠牲を捧げることを勧めます。八百万の神々、それぞれに違った名がある神々がいるのですから、日本人はどの神が助けてくれるか、また害を及ぼすかを判断するための努力をします。

3. ヒンズー教

ヒンズー教徒は昇華されたより高いレベルになったとする人々を讃えます。その人々の例に倣うことによって次の人生がよりよいものであることに希望を抱きつつ苦難を乗り越えようとします。

4. ユダヤ教

旧約聖書に書かれているように神の律法を守れば、救われるということに頼っています。紀元 70 年にエルサレムが破壊されてから、動物による犠牲や祭司による贖いのためのとりなしの祈りは行われなくなりましたので、ユダヤ教の信徒の唯一の望みは救い主の到来です。

5. イスラム教

イスラム教は神の復讐心を強調し、十戒を守ることによってのみ救いの希望があると教えます。急進的なイスラム教徒は殉教することによって神から特別の待遇を受けると考えます。

6. キリスト教

キリスト教では人の罪によって引き起こされた問題は人の力でなされる黙想や犠牲、あるいは聖なる戦いによって解決できないと教えます。ただイエス・キリストの死と復活を通

してのみ、罪の赦しが与えられると考えます。それでも人はキリストが再臨され、新しい
天と新しい地が与えられるまで、この乱れた世の中で生きなければなりません。

7．ポストモダン主義

多くのポストモダン主義者は、ある時が来れば科学の進歩により今日の問題は解決される
日が来るという人類の進化に希望を抱いています。その時が来るまで、人は絶対的真理に
しばられることなく、自分の平安や幸福を探し求めねばならないと教えます。

あなたはどのように考えますか。それぞれの解決策は納得できますか。自分は平安を得たと
いう人に対してどのような質問をしたいと思いますか。

それぞれの宗教も、この乱れた世で生きようとするあなたが希望を持とうとするなら、ある
程度その信仰に没入することを求めます。キリスト教も例外ではありません。パウロが弟子
であるテモテに「あなたは熟練したもの、すなわち、真理のみことばをまっすぐに説き明かす、
恥じることのない働き人として、自分を神にささげるよう、努め励みなさい」（2テモテ
2:15）と書いています。言い換えれば、私たちは日々のすべてのことが信仰生活の一部とな
るように信仰に励むことが大切です。

アナガイオンの第三部ではその挑戦について学びます。神の子として生きようとするある人
の人生を見つめます。神の子として生きようとする決断がその人にとって苦労の種となりま
すが、その報いはその努力を無駄にはしません。

その人と一緒に旅に出ましょう。

第三部　私たちはどこに向かっているのか？

「高嶺をめざして」という本はあるバックパッカーの旅の物語です。しかし、そこには深い意味が込められています。象徴的な意味において、彼はキリストに従って生きることを決断しました。そのために彼は一時的にでも自分の愛する人たちや家族から離れていくことになってしまいます。

あなたが彼の日記の一日一日を読むたびに、彼が家にいながら、日常の生活の中で霊的な発見の旅をしている姿をイメージしてみましょう。一つ一つの新しい経験は彼の人生を神の子としての人生として形づくっていきます。また一つ一つのチャレンジはクリスチャンになったばかりの人が必ず直面することです。

この物語をあなたが楽しんでくれることを願っています。この冒険旅行を一緒にする中で、その日の聖書箇所と質問に必ず目を留めてください。このバックパッカーの祈りがあなたの心の祈りとなりますように。彼がこの旅のなかで一日一日強められていくように、あなたの信仰の旅も強められ祝福されたものになりますように。

「高嶺をめざして」は日記として書かれた毎日の旅の様子が日々の祈りと聖書通読のガイドとなるように、一年間のデボーションの本として書かれました。アナガイオンの学びのためにはその読むペースを上げなければなりません。あなたの学びのグループの中で、どのくらい第三部に時間を費やすかを話し合ってみてください。そのペースに従って「高嶺をめざして」をいくつかに分け、それぞれの週の学びとしてください。たとえば 10 週間で終えるとするならば、最初の部分は１月１日から２月９日まで、またキンドル版（インターネットからダウンロードする）でしたら第一日から第四十日までを読むようにしてください。そしてそこの物語の中の要素がいかに自分の人生に当てはまるかをなどについて互いに分かち合いができるように準備をして来てください。

第三部　私たちはどこに向かっているのか？

第一課　「赦しと再出発」「待つ」「恐怖」

1．「赦し」と「再出発」（1月1日／第1日）

　　人々は「赦し」が必要であると考え、また「赦し」に対して敏感であると思いますか。

　　私たち以外の文化の中ではどのようにその必要に対処しているでしょうか。

2．「待つ」（1月19日／第19日）

　　「待つ」ことはどうしてたいへんなのでしょうか。

　　「能動的に待つ」というのはあると思いますか。

　　やることリストの中に「待つこと」と書いたことはありますか。

3．「恐怖」（2月6日／第37日）

　　どのような「恐怖」が人々を結び付け、一つとするのでしょうか。

　　あなたの周囲の人々が共通の問題を解決するために一つになって働いたということが

　　ありましたか。

次の学びのために、

　　「高嶺をめざして」の2月10日／第41日から3月20日／第80日を読んで来て下さい。

第二課　「知恵」「ランデブー」「自由」「必然的な結果」「欺く」

1.「知恵」（2月10日／第41日）

　　年を取ったら人間は賢くなるのでしょうか、あるいは知恵は個人の努力の結果なのでしょうか。

2.「ランデブー」（2月11日／第42日）

　　ランデブーとは何の象徴ですか。

3.「自由」（2月22日／第53日）

　　選ぶ自由が与えられていることはどうして重要なのでしょうか。

4.「必然的な結果」（3月9日／第69日）

　　旅人は道をはずれたためにトラブルに巻き込まれていきます。彼はどうしたらよかったのでしょうか。

5.「欺く」（3月20日／第80日）

　　「見たら信じる」という言葉を知っていますか。それは本当なのでしょうか。目に見えることに欺かれているのではないでしょうか。

次の学びのために、

　　「高嶺をめざして」の3月21日／第81日から4月29日／第120日を読んで来て下さい。

第三課　「戦い」「確信」「守り」

1．「戦い」（4月7日／第98日）

　　ジョナサンは戦いの中で命を落としました。神の子とされた人たちも宣教のために命を落とすことがあるでしょうか。

2．「確信」（4月15日／第106日）

　　あなたにはアンディーのような「読んだら泣かずにいられない」リストというようなものを持っていますか。

3．「守り」（4月29日／第120日）

　　天使があなたを守ってくれているという証拠を見せることができるでしょうか。

次の学びのために、

　　「高嶺をめざして」の4月30日／第121日から6月8日／第160日を読んで来て下さい。

第四課　「天使」「謙虚さ」「偉大さ」

1.「天使」（5月2日／第123日）

　　私たちは天使を礼拝すべきでしょうか。

2.「謙虚さ」（5月29日／第150日）

　　神が私たちを用いてことを成そうとするとき、なぜ弱い者や小さい者たちを選ぶように見えるのでしょうか。

3.「偉大さ」（6月1日／第153日）

　　私たちはどのような意味で海辺の砂のようなものなのでしょうか。

次の学びのために、

　　「高嶺をめざして」の6月9日／第161日から7月18日／第200日を読んで来て下さい。

第五課　「家族」「力」「傷あと」

1．「家族」（6 月 14 日／第 166 日）

　　　家族というのは神にとっても大切な存在ですが、クリスチャンになることで、その家族が分裂することがあります。それについてあなたはどのように思いますか。

2．「力」（6 月 23 日／第 175 日）

　　　サタンは私たちに触れることはできないと信じますか。そのことはあなたの人生にどのような影響を与えるでしょうか。

3．「傷あと」（7 月 17 日／第 199 日）

　　　あなたにはどのような傷あとがありますか。それはあなたの生き方にどのような影響を及ぼしていますか。

次の学びのために、

　　「高嶺をめざして」の 7 月 19 日／第 201 日から 8 月 28 日／第 241 日を読んで来て下さい。

第六課　「宗教」「挑戦」「赦し」

1.「宗教」（7月24日／第206日）

世界中のどの文化にも、何らかの宗教があるのはどうしてだと思いますか。

2.「挑戦」（7月28日／第210日）

本物のクリスチャン生活には困難や挑戦がなければならないと考えますか。

3.「赦し」（7月31日／第213日）

赦すことはなぜ難しいのでしょうか。

またなぜ赦すことは大切なのでしょうか。

次の学びのために、

「高嶺をめざして」の8月29日／第242日から10月8日／第282日を読んで来て下さい。

第七課　「悪」「死」「苦しみ」

1.「悪」（9月11日／第255日）

　　クリスチャンはサタンと関係を持つことは可能でしょうか。

2.「死」（9月16日／第260日）

　　赤子の誕生とクリスチャンの死を比べてみてください。

3.「苦しみ」（10月1日／第275日）

　　あなたの生涯から苦しみを取り除くことができたら、あなた人生とはどのようになる
　　でしょうか。

次の学びのために、

　　「高嶺をめざして」の10月9日／第283日から11月19日／第324日を読んで来て下さい。

第八課　「コミットメント」「犠牲」「サプライズ」

1.「コミットメント」（10 月 21 日／第 295 日）

　　　神のために一生懸命に働いている者はサタンの攻撃を受けやすいでしょうか、それと
　　もそうではないでしょうか。

2.「犠牲」（10 月 25 日／第 299 日）

　　　クリスチャンは他人のために「身をもって守る者」と呼ばれたことがあるでしょうか。

3.「サプライズ」（11 月 12 日／第 317 日）

　　　以前知らなかったことを新しく学んだ時のことを覚えていますか。

次の学びのために、

　　「高嶺をめざして」の 11 月 20 日／第 325 日から 12 月 31 日／第 366 日を読んで来て下さい。

第九課　「交わり」「救助」「再会」

1.「交わり」（11月20日／第325日）

　　グループ内の友人が「霊的成長のために、人と一緒よりも一人でのほうが容易なものにはどのようなものがあるだろう」という疑問を呈し去っていきました。あなたはその質問にどのように答えますか。

2.「救助」（11月30日／第335日）

　　あなたは誰か崖から落ちた子犬のように孤独で助けを待っている人を知っていますか。その人に対してあなたは何をすることができるでしょうか。

3.「再会」（12月31日／第366日）

　　やっと、旅をしていた友は妻と娘と再会することができ、信仰によって一つとなる喜びを味わうことになりました。あなたの前に神御自身が姿を現し、その神のもとに走り寄り「アバ、父よ」と呼ぶ時が必ず来ると期待していますか。

ここで私たちの旅は終わります。

もし「高嶺をめざして」の続きを読みたいと思われる方は、その続きである「Leaving the Trail　道を離れる」を読んでみてください。物語はフィッシャーがサンディーと結婚し、二人は自分たちでは考えていなかった、道からはぐれてしまった人々のために道を離れるという召命を受けるのです。ロマンスと冒険に満ちた、悪魔の力に立ち向かう宣教師の物語です。

次は「ここからどこに向かうのか」を学びます。

第十課　ここからどこに向かうのか

おめでとうございます。アナガイオンのコースを終了しました。教会の歴史から、クリスチャン生活のための聖書の原理原則に至る膨大な情報の一部を学んできました。信仰についてより確信を持って語ることができ、それを人と共有したいと考えるようになったのではないかと思います。

しかし、もしアナガイオンの学びがうまく行ったのであれば、あなたには学びを始めた時よりも多くの質問があるはずです。このコースはあなたを神学のエキスパートにするという目的ではなく、もっと学びたいという思いにさせるものです。

教会が建てられた歴史的な基礎事実をもっと知りたいと思いますか。もっと聖書の学びをしたい、今までよりもっと神との静かな時間を持ちたいと思いますか。日々の出来事をまったく違う視点で見ることができ、すべての瞬間がまるでメッセージを見ているように思えるようになるのではないかと思います。

もしそうであれば、あなたの費やした時間は素晴らしいもので、努力した価値があります。クリスチャン生活というのは、生きているもので、成長と進歩を求められるものです。あなたは新たな期待を持って将来を見ることができ、過去を大きな感謝を持って振り返ることができます。この学びの終わりに来て、あなたはもう過去の自分ではなく、これからなろうとしている者になりつつあるのです。

あなたと同じような巡礼者を「階上の部屋」に導き、あなたが経験したように霊的成長を求める者となるようにしてください。

「高嶺をめざして」の 4 月 10 日（第 101 日）で読んだアイルランドの祝福の歌をもってこの学びを終えたいと思います。この祝福を心にとめ、人と分かち合ってください。

その道があなたに出会うように高くなり
風がいつもあなたの背中を押し
太陽はあなたの顔に温かく輝かんことを
そして雨はあなたの野辺に柔らかに降り
また会う日まで
神様がいつもあなたとともにおられるように

終わりに

この 7−8 週間、あなたは「アナガイオン：階上の部屋」と呼ぶコースに参加し、学びを続けてきました。

主イエスが弟子たちを選び、彼らの信仰の旅路を導いてくださいました。そして主イエスは私たちに主と共に新しい場所、新しい発見の旅、そして新しい使命のために歩んでいくように命じられています。

この学びの終わりに時間をさいて「テストでないテスト」を見てください。これは本当にテストではありません。終わりの 2−3 週間の学びを振り返り、その内容を適切に理解するためのものです。これによってあなたは内容を記憶にとどめることができます。さらに重要なのは、あなたが学んだ内容を他の人たちと共有するのに役立ちということです。

これらはアナガイオンの三つの部に対応しています。

第一部：私たちはどこから来たのか？
第二部：私たちは今どこにいるのか？
第三部：私たちはどこに行くのか？

それぞれの部の質問事項を読み、できる限り答えを考えてみてください。あなたがとったメモ、グループのメンバーと話し、用いることのできるものすべてを使って答えを導き出してみてください。目的は学びの内容を理解し共有し合うために復習することと記憶することです。

第一部：私たちはどこから来たのか？

1．今日のキリスト教会を分ける二つの大きなグループとは何でしょうか。

2．紀元 70 年に何が起こったことによってキリスト教会ができることになったのでしょうか。

3．ローマ皇帝ジュリアンは初期クリスチャンたちをどのように見ていたでしょうか。

4．キリスト教のメッセージは他の哲学とどのように違っていたでしょうか。

5．初期クリスチャンたちはイエスを礼拝したために迫害されたのではなく、
　　それは＿＿＿＿＿＿＿＿＿を礼拝したからでした。

6．聖書を正典化することはなぜ重要であったのでしょうか。

7．紀元 312 年にノヴェイシャンとコルネリオウスは何について論争したのでしょうか。
　　どちらが論争に勝ち、そのことは私たちにとってなぜ重要だったのでしょうか。

8．「キリスト教国家」という言葉はどのような意味なのでしょうか。

9．教会の堕落を招き、後のプロテスタント改革を引き起こした初期教会の教義を少なくとも
　　三つ挙げてください。

10．今日の教会に恩恵をもたらしたジョン・ウイクリフとマルチン・ルターが行ったこととは
　　何だったのでしょうか。

第二部：私たちは今どこに立っているのか？

1．わかりやすく言うと、「福音のメッセージ」とは何でしょうか。

2．教会が私たちの生活をより良くした三つの方法を挙げてください。
　　教育、医療、人命の尊厳など考えてみてください。

3．仏教徒の祈りとクリスチャンの祈りの違いはどこにあるでしょうか。

4．「神を知る」ことは可能でしょうか。
　　またそのことについて聖書は何と言っているでしょうか。

5．なぜ教会は家族のようなものだと言えるのでしょうか。
　　聖書から少なくとも二つの例を挙げてください。

6．教会として行う四つのこととは何でしょうか。

7．バプテスマは何を象徴しているのでしょうか。

8．愛する父がすることとして、天の父がなさってくださる四つのこととは何でしょうか。

9．私たちの人生に対する神の召しを確認するための二つの方法を挙げてください。

10．どのような宗教でも答えなければならない三つの質問とは何でしょうか。

第三部：私たちはどこに向かっているのか？

1．天使を礼拝することは正しいことでしょうか（5月2日）

2．この本の中の「悪い者」とは誰でしょうか。

3．真理とは絶対的（不変）なものでしょうか、それとも相対的（状況によって変化する）なものでしょうか（5月22日）

4．この本の中の「山」は何を象徴しているでしょうか（8月12日）

5．死は赤子が生まれるようなものだとはどういうことでしょうか（9月16日）

6．他人を「身をもって守る」とはどのような意味でしょうか（10月25日）

7．「高嶺をめざして」の中に出て来る「道」とは何を表しているのでしょうか。

8．「高嶺をめざして」の中の「ランデブー」とは何を表わしているのでしょうか。

9．クリスチャンの交わりは他の交わりと何が違うのでしょうか。

10．クリスチャンにとって犠牲とはどのような意味をもっているでしょうか。

マルチン・ルターの「95か条の論題」

(C N Trueman による　The 95 Theses – A Modern Translation から)

1. 主イエスが「悔い改めよ」と言われた時、主は信じる者の全生涯が悔い改めであることを求められた。
2. 神だけが救いを与えることができる、司祭ではない。
3. 内的に悔い改めをするだけでなく、生き方も悔い改めを反映するものに変わらなければならない。
4. 天国に入るまで、私たちの罪は私たちの中に残ったままである。
5. 教皇は教会法に従って行動しなければならない。
6. 赦すことができるのは神だけである。教皇は神が赦してくださることを人々に確信させることができるだけである。
7. 神が赦してくださる前に、罪人は神父に謙虚に従わなければならない。
8. 教会法は生きている者のみに適用されるべきであり、死んだ者には適用されるべきではない。
9. しかしながら、聖霊は必要があれば、例外的に適用する。
10. 神父は死に臨む者に煉獄の罰をもって脅すことをしてはならない。
11. 教会は教会の罰を用いることによって毒麦のような人間を生み出している。
12. かつては、教会の罰は本物の悔い改めを試みるために罪の赦しの前に課せられていた。
13. あなたが死ぬとき、死によって教会に対するすべての負債は拭い去られるので、それらの負債によって裁かれることはない。
14. 誰かが死ぬときに教会に対して悪いあるいは間違った思いを抱くかもしれない。その思いのために彼らは恐れを抱くが、その恐れだけで十分な罰を受けている。
15. その恐れはとても強いので、魂を清めるに十分である。
16. 煉獄は地獄であり、天国は確信である。
17. 煉獄の中の魂は愛を必要としている。より多くの愛があれば、彼らの罪は小さくなる。
18. 罪深き魂は常に罪深いわけではない。それは清められることができる。
19. 人が罪から自由であるという証拠はどこにもない。
20. 罪の赦しを与えるとされる教皇でさえも内にある罪を完全に赦すことはできない。
21. 免罪符は人を救わない。
22. 死んだ魂を免罪符で救うことはできない。
23. 神の前に完全な人たちだけが赦される。だから赦される人は少ないか、いない。
24. 人々は自分が完全ではないことを知っているので、罪が赦されるとする免罪符に騙されてしまう。

25． 煉獄における教皇の持っている権限というのは神父の持っている権限と同じである。

26． 教皇がある人を救おうととりなしをする時、それは神の意志に従って行うのである。

27． 煉獄にある死んだ魂がお金によって救えると考えるのは馬鹿げている。

28． お金は人を貪欲にさせるだけである。神だけが魂を救うことができる。

29． 私たちは煉獄にある魂が救ってもらいたいと願っているかどうか知っているだろうか。

30． 誰も自分の悔い改めが本当かどうか確信できない、また誰も完全なる赦しを受けることができるかどうかわからない。

31． すべての罪を悔い改めることがまれであるように、人が本心から免罪符を買う（信じる者が本当に免罪してもらえると思う）のはまれである。

32． 免罪符によって救われた人生を送ることができると信じる人、そのことを教える人と共に永遠の罰に定められている。

33． 教皇の免罪符は救いを与える素晴らしいものであるという人々を信じてはならない。

34． 免罪符は人によって約束されたものを人に提供するだけである。

35． 救いをお金で買おうとしている人々に悔い改めは必要ないと教えてはならない。

36． 人が本心から悔い改めるならば罪から解放される、そして免罪符は必要ない。

37． 全てのクリスチャンは、生きているか死んでいるかに関わらず、免罪符がなくてもキリストの愛と恵みを受けることができる。

38． 教皇の赦しを軽んじてはならないが、教皇の赦しが一番重要なのではない。

39． 最も高度な教育を受けた神学者たちは免罪符と本物の悔い改めを同時に教えることはできない。

40． 本当に悔い改めた者は自分の罪を後悔し、そのために何らかの代償を支払うことは当然だと思う。しかし、免罪符はこのことをないがしろにしてしまう。

41． もし赦しが良い行いをするよりも重要だと考える人に対しては、注意して赦しを与えなければならない。

42． クリスチャンは免罪符を買うことはキリストによって赦されることと比較することはできないと教えられなければならない。

43． 貧しい者たちに与えたり、困っている者たちを助けるクリスチャンは、「赦し」を買う者たちよりも神の目にはより良いことを行っている。

44． それは他者を愛することによって、その愛が成長し、その人はより良い人になるからである。免罪符を買う人は、それによってより良い者とはならない。

45． 困っている者を無視して、免罪符にお金を使う者は神の怒りと失望を得る。

46． クリスチャンは生活に必要なものだけを買い、無駄に免罪符にお金を使うべきではない。

47． クリスチャンには免罪符は必要ないと教えられるべきである。

48． 教皇はたやすく手に入れられるお金にではなく、熱心な祈りに力を注ぐべきである。

49． クリスチャンは免罪符に頼るなと教えられるべきである。免罪符によって神への恐れ

を失ってはならない。

50. もし教皇が免罪符を買うのに人々がいくら払っているかを知っているのならば、聖ペテロ聖堂を壊すだろう。（訳者注：免罪符は高い値段で売られていた。それを教皇が知っていたならば、免罪符の収入で建てられた聖ペテロ聖堂を壊すだろう。）

51. 教皇は免罪符を買った人々に対して自分のお金で穴埋めすべきである。

52. あなたの罪が赦されるようにと免罪符に頼るのは空しい。

53. 神のみ言葉を説教することを禁止する者や、誰でも赦されるということを説教する者たちは教皇とキリストの敵である。

54. 免罪符のことを説教するよりも、神のみ言葉を説教する方が少なければ、それは神を冒涜していることになる。

55. 教皇は免罪符よりも、大切な福音を人々に知らしめ、賛美すべきである。

56. 教会の財産についてはキリストに従う者たちには十分に知らされていない。

57. 教会の財産は一時的なものである。

58. 聖遺物とはキリストの遺物のように見えるが、そうではない。それらは考え方からして悪である。

59. 聖ラウレンティスは、貧しい人々が聖遺物や赦しに対してお金を捧げるのを見て、間違った理解をしてしまった。

60. 救いはキリストがかなえてくださったように教会を通して求めることができる。

61. 罪の赦しのために教会は充分な力を持っていることは明らかである。

62. 教会の真の宝は福音と神の恵みであるはずである。

63. 免罪符は最も悪いことを不当に良く見せてしまう。

64. それゆえ悔い改めや赦しがなければ、悪は良いように見えてしまう。

65. 福音の中の宝物は働き人たちが使う網である。

66. 免罪符は金持ちがお金を集める網として用いられている。

67. 商人たちが免罪符をほめたたえるのは間違っている。

68. 免罪符は神の恵みと十字架の愛と敬虔さから一番遠く離れているものである。

69. 司祭たちは免罪符を売る使命が与えられており、それが彼らのなすべき仕事だと考えている。

70. しかし、司祭たちには人々が自分たちの夢を説教しないように注意するというもっと重要な責任がある。

71. 使徒たちの赦しをないがしろにする人たちは呪われる。

72. 赦されるということを考える人には祝福がある。

73. 赦されることには意味がないとする人々に教皇は怒りを覚えている。

74. 教皇はそれよりも免罪符を用いて聖なる愛を批判する者たちに対して怒りを覚えている。

75. 教皇による赦しはすべての罪を赦す力があるとするのは間違いである。

76. 赦された後であなたは罪の意識を持つはずである。教皇の赦しは罪の意識を取り除く

ことはできない。

77. 聖ペテロでさえも罪の意識を取り除くことはできない。

78. 聖ペテロも教皇も恵みの大きな賜物をもっているが、罪の意識を取り除くことはできない。

79. 飾りの十字架をキリストの十字架と同じとするのは神を冒涜している。

（訳者注：飾りの十字架に特別な力があるとして販売していた。）

80. そのようなことを説教するのを許可している司祭は神に対して申し開きをしなければならない。

81. 免罪符売りは教皇の地位のゆえに見識のある者たちを軽蔑しているようである。

82. なぜ教皇は聖なる愛のためでなく、お金のために足を洗おうとするのか。

（訳者注：キリストは弟子たちの足を聖なる愛のゆえに洗った。免罪符の販売は、教皇がお金を取って信徒たちの足を洗うようである。）

83. 死者のために買われた免罪符は教皇によって返金されるべきである。

84. 神の友である貧しい者が救いを買うことができないならば、悪い者は救いを買ってはならない。

85. なぜ免罪符をいまだに教会で買うことができるのだろうか。

86. 教皇は聖ペトロ聖堂を自分のお金で建て替えるべきである。

87. 教皇はなぜ彼に反対する者たちを赦すのか。

（訳者注：ルターは免罪符を売っている者たちの行いは正しくないにもかかわらず、教皇は彼らのやっていることを見逃しているか、赦していると考えた。）

88. もし教皇が毎日百人以上もの人々を赦すとしたら、教会に対してそれよりも良いことができるだろうか。

89. なぜ免罪符は教皇が適切だとした場合にしか発行されないのだろう。

90. そのことを隠すことは教会がどんなであるかを明らかにしてしまい、本物のクリスチャンたちを不幸にさせる。

91. もし教皇が自分のなすべきことをしていれば、前に述べた全ての問題は存在しないはずである。

92. 全く何も問題ないという人はどこかへ去って行くべきである。問題は正面から立ち向かって解決して行くべきである。

93. 何も問題がないという人たちは教会から去るべきである。

94. クリスチャンは全てを賭けてキリストに従って行くべきである。

95. 現在の（訳者注：ルターの当時の）教会の教えによる偽の人生を生きるよりも、クリスチャンたちには問題を経験させ、それを解決させるべきである。

使徒信条

わたしは、天地の造り主（つくりぬし）、全能の父なる神を信じます。
わたしは、そのひとり子、私たちの主、イエス・キリストを信じます。
主は聖霊によってやどり、処女（おとめ）マリアから生まれ、
ポンティオ・ピラトのもとで苦しみを受け、十字架につけられ、死んで葬られ、
陰府（よみ）にくだり、三日目に死者のうちから復活し、天に昇って、
全能なる父なる神の右に座しておられます。
そこから来て、生きている者と死んでいる者とを審（さば）かれます。
わたしは、聖霊を信じます。聖なる公同の教会、聖徒の交わり、罪の赦し、
からだの復活、永遠（えいえん）のいのちを信じます。
アーメン。

もし教会がなかったら

教会のない世界とはどんなものでしょうか。チャールス・コルソンの「The Body（体）」という本から少し考えてみましょう。

1. 宣教師たちがアフリカの人々が読み書きできるようにした。100 年前にはアフリカ大陸の 860 ある言語や方言の 20% 以下しか文字で表されていなかった。今日では 500 以上の言語で書かれた聖書がある。
2. 1923 年当時、イギリス領アフリカ（八つ以上の植民地があった）では 6000 の学校のうち 100 以下の学校が政府によって支えられていた、その他の学校はクリスチャンの宣教活動として支えられていた。
3. 1850 年、中国の 500 の病院のうちの半分以上は宣教活動によって支えられていた。
4. ウィリアム・ウィルバーフォースは彼の人生をかけて神学に基づいてイギリスでの奴隷制度を廃止しようとした。
5. 宣教師デビッド・リビングストンはアフリカでのアラブ人の奴隷貿易を告発した。
6. マザーテレサはインドの貧しい人々の中でのクリスチャン活動のために人生を捧げた。
7. クリスチャンの夫婦であるウィリアムとキャサリン・ブースはイギリスの貧しい人々や孤児たちのためにその人生を捧げ、それが現在の救世軍となっている。
8. 歴史を通して、クリスチャンたちは児童結婚制、一夫多妻制、奴隷制、幼児殺害、疫病や飢餓の最大の反対者であった。

著者について

トニー・ウッズは妻マーシャと共に世界中、アフリカのザンビア、リベリア、そしてエチオピアから香港、バンコク、オーストラリアにいたるまで 40 年間宣教師として働きました。その 40 年のうち 25 年以上日本の東北の町、仙台に住み、宣教のために仕えました。そこで三人の子どもを育て、そのうちの一人を埋葬しました。アナガイオンはゴールデンゲート・バプテスト神学校の博士課程のために書かれましたが、その後英語の本として出版されました。

トニーとマーシャは現在息子のネーサン、娘のニッキ、そして彼らの伴侶たち、三人の孫たちのいるオーストラリアに住んでいます。

Other books by the author
トニー・ウッズの本

Looking for a Lamb（子羊を探して）
日本語訳あり
An allegorical account of the death of their son, Trevor, to leukemia

The RoadRising（高嶺をめざして）
日本語訳あり
Described as a "Pilgrim' s Progress for the 21st century, this book serves as part of the "Anagaion" course

Leaving the Trail
Sequel to "The Road Rising"

Uncle Buddy
Biography of Tony' s missionary parents, Buddy and Jody Woods

Sacrificed
Biography of Naoki Noguchi, former Baptist pastor and World War II kamikaze pilot

On the Road With John（ヨハネと歩む）
日本語訳あり
A one-year study of the Forth Gospel, written especially for small groups

Weaving Sunlight
Autobiography of Tony and Marsha Woods, from childhood through 40 years on the mission field and on into retirement